MW01707779

Annie Groovie

Léon

et les expressions

Tome 1

la courte échelle

Introduction !

La langue française est l'une des plus belles langues du monde et, à mon avis, l'une des plus riches. Grâce à son vocabulaire bien fourni, elle te permet d'exprimer tout ce que tu veux dire, de mille façons différentes.

Parfois, pour éviter de trop longs discours, on utilise une expression imagée. Elle résume ce qu'on ressent en une simple et courte phrase. Ces expressions sont très faciles à apprendre et à utiliser. Elles sont souvent amusantes, quelquefois un peu étranges mais toujours efficaces. Retiens-les bien, elles te seront utiles au quotidien.

On dit qu'une image vaut mille mots. Alors, je ne t'en dis pas plus, suis-moi! Amusons-nous à découvrir mes expressions préférées.

10, 9, 8, 7, 6, 5, 4, 3, 2...

DONNER SA LANGUE AU CHAT

Lorsqu'on te pose une question difficile et que tu es incapable de trouver la réponse, tu dis: «Je donne ma langue au chat.»

Ppffffffffffffffffffffffff...

SE FAIRE PRENDRE LA MAIN DANS LE SAC

Si on te surprend à faire un mauvais coup, on vient de te prendre la main dans le sac!

Euh...euh...euhhhhh...???

SAUTER AU PLAFOND

Quand tu apprends une nouvelle qui te fait jubiler ou exploser de joie, il est impossible de te retenir et de te calmer. Tu sautes au plafond!

La la la...ti ti ti...dou dou dou...da da da...

TOURNER AUTOUR DU POT

Tu hésites parfois avant de répondre à une question embarrassante? Tu ne sais pas comment aborder un sujet délicat? Dans les deux cas, tu tournes autour du pot.

miam miam miam mia

miam

miam miam

miam !

S'ARRACHER LES CHEVEUX

Si un jour tu ne trouves pas de solution à un problème et que tu perds tout espoir que les choses s'arrangent, tu pourrais avoir envie de t'arracher les cheveux.

%#@&?%+$?#@!#@!?%$# !!!

VIDER SON SAC

T'arrive-t-il d'avoir l'envie soudaine de laisser parler ton coeur, sans détour, en n'hésitant pas à dévoiler ce qui te déplaît ? Dans ces moments-là, tu vides ton sac.

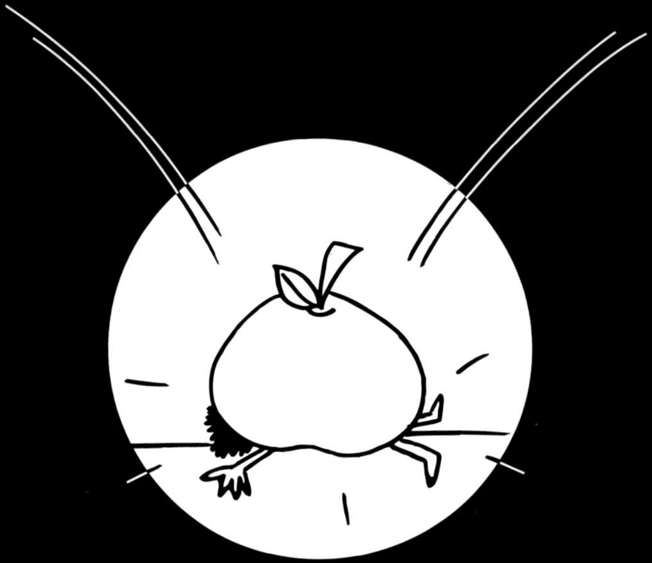

Outchhh !!!

TOMBER DANS LES POMMES

Quand tu vis des émotions fortes ou quand ton corps est en panne d'énergie, tu peux perdre connaissance... ou, si tu préfères, tu peux tomber dans les pommes.

DONNER LE FEU VERT

Si tu es d'accord avec une autre personne et que tu lui donnes l'autorisation de passer à l'action, tu lui donnes le feu vert.

Oups !?

AVOIR LA TÊTE DANS LES NUAGES

Il t’arrive parfois d’être rêveur, de partir loin dans tes pensées? Aurais-tu la tête dans les nuages?

Tadam !

AVOIR PEUR DE SON OMBRE

Lorsque tu es très craintif et que tu manques de courage devant une situation sans danger, on dira que tu as peur de ton ombre.

FAIRE COULER BEAUCOUP D'ENCRE

Un événement important ou bizarre vient de se produire ici ou ailleurs dans le monde et tous les journaux en parlent. C'est un sujet qui fait couler beaucoup d'encre.

1-2, 1-2, 1-2, 1-2, 1-2, 1-2, 1-2, 1-2, 1-2, 1-2, 1-2, 1-2, 1-2, 1-2

PASSER DU COQ À L'ÂNE

Si tu changes rapidement de sujet de conversation sans faire de lien avec ce que tu disais auparavant, tu viens de passer du coq à l'âne.

Hhhhhhhhhiiiiiiaaaaaaaahhhh !

Hooouuuhooouuuuuhooooouuuuu !

Hiiiiihiiiiihiiiiihiiiiiiihiiihiiii !

SE METTRE LES PIEDS DANS LES PLATS

En abordant un sujet délicat, tu peux parfois commettre une gaffe sans t’en rendre compte. Tu viens de te mettre les pieds dans les plats.

Sssssssluuuuuuuuuuuuuuuuuuuurrrrrrrrrrrrrrrrrrrrrppppppppppppppp......

VENDRE LA MÈCHE

Quand tu trahis le secret d'un ami ou que tu révèles une surprise avant le temps, tu en as trop dit, tu as vendu la mèche.

Les éditions de la courte échelle inc.
5243, boul. Saint-Laurent
Montréal (Québec) H2T 1S4
www.courteechelle.com

Révision :
Simon Tucker

Conception graphique de la couverture :
Élastik

Dépôt légal, 4e trimestre 2007
Bibliothèque nationale du Québec

La courte échelle reconnaît l'aide financière du gouvernement du Canada par l'entremise du Programme d'aide au développement de l'industrie de l'édition pour ses activités d'édition. La courte échelle est aussi inscrite au programme de subvention globale du Conseil des Arts du Canada et reçoit l'appui du gouvernement du Québec par l'intermédiaire de la SODEC.

La courte échelle bénéficie également du Programme de crédit d'impôt pour l'édition de livres — Gestion SODEC — du gouvernement du Québec.

Catalogage avant publication de Bibliothèque et Archives nationales du Québec et Bibliothèque et Archives Canada

Groovie, Annie

Léon et les expressions

2e éd.

(Rigolons avec Léon)
Pour enfants de 6 ans et plus.

ISBN 978-2-89651-030-6 (v. 1)
ISBN 978-2-89651-032-0 (v. 2)

1. Français (Langue) - Mots et locutions - Ouvrages pour la jeunesse. 2. Français (Langue) - Idiotismes - Ouvrages pour la jeunesse. I. Titre. II. Collection: Groovie, Annie, 1970- . Rigolons avec Léon.

PC2460.G76 2007 j448 C2007-941230-0

Imprimé en Malaisie